Brigitte Rauth-Widmann

Hunde
richtig impfen
und entwurmen

Ein praktischer Wegweiser

CADMOS
HUNDEBÜCHER

Inhalt

Impressum

Copyright © 2002 by
Cadmos Verlag GmbH, Lüneburg
Lektorat: Dr. Gabriele Lehari
Gestaltung und Satz: Ravenstein, Verden
Fotos: Karl-Heinz Widmann
Druck: Westermann Druck, Zwickau

ISBN 3-86127-656-9

Ein gesundes Immunsystem ist der beste Schutz vor Infektionen und anderen Erkrankungen.

hält: sein Immunsystem. Ganze Heerscharen mikroskopisch kleiner Helfer sind dieser körpereigenen Abwehr des Hundes untergeordnet. Ihre Aufgabe ist es, jeden, selbst den winzigsten Störfaktor so rasch wie möglich aufzufinden und dann schnell und wirksam gegen ihn vorzugehen. Dies gelingt allerdings nur, wenn das äußerst komplexe und fein aufeinander abgestimmte System selbst intakt ist. Geschwächt ist es nicht in der Lage, dem ständigen Bombardement von außen und innen schlagkräftig genug zu begegnen. Die Folge: Der Organismus wird mit Infektionserregern und geschädigtem Zellmaterial überschwemmt – der Hund erkrankt.

Einleitung

Mit jedem Atemzug, jeder winzigen Verletzung, eigentlich bei jeder Interaktion mit seiner Umwelt dringen in den Organismus des Hundes unzählige Keime, Infektionserreger und Schadstoffe ein, die seine Gesundheit gefährden können. Doch nicht allein von außen droht ständig Gefahr: Auch in seinem Körperinnern kommt es fortwährend zu Schädigungen an Zellen und Geweben, die aufgrund ihrer Vielzahl rasch ernsthafte Erkrankungen nach sich ziehen würden – gäbe es da nicht einen äußerst effizienten Gegenspieler, der permanent nach solchen gesundheitsbedrohenden Ereignissen Ausschau

Hinweis:

Gesundheit setzt ein leistungsfähiges Immunsystem voraus!

So weit braucht es aber nicht erst zu kommen, denn es gibt genügend Möglichkeiten, um die Abwehrkräfte des Hundes zu stärken und zu unterstützen und damit die Gesundheit und das Wohlbefinden des Tieres bis ins hohe Alter zu erhalten. Eine vielseitige, ausgewogene Ernährung gehört ebenso dazu wie ausreichend Bewegung an frischer Luft sowie gemeinsame Spiele und rassegerechte Beschäftigung zusammen mit dem Besitzer und mit Artgenossen. Ein Mindestmaß an Hygiene

Mit diesem dichten, wärmenden Haarkleid lassen sich sogar Minusgrade bestens ertragen.

sollte zudem selbstverständlich sein. So bekommt der Hund täglich frisch zubereitetes Futter und sauberes Trinkwasser, außerdem lässt man ihm regelmäßige Körperpflege zuteil werden wie gründliches Bürsten des Fells, Ohrensäubern und gegebenenfalls Zähneputzen. Auch sein Schlafplatz wird sauber gehalten und regelmäßig gereinigt. Auf übertriebene Hygienemaßnahmen gilt es jedoch zu verzichten, denn ein gesundes Immunsystem ist darauf programmiert, tagein, tagaus Abwehrarbeit zu leisten. Gänzlich unterbeschäftigt ergeht es ihm nicht anders als einem unterforderten Geist: Es sucht sich andere, möglicherweise völlig unpassende Aufgabengebiete, die, im Falle des Immunsystems, nicht zuletzt zu allergischen Symptomen führen können.

Hinweis:

Der Körper unseres Hundes soll sich weitestgehend selbst schützen und heilen können – die Voraussetzungen dafür zu schaffen liegt an uns.

Ein trainiertes, leistungsstarkes Immunsystem kann also mit den unterschiedlichsten Störfaktoren zurechtkommen. Ob Viren, Bakterien, Pilze, Parasiten oder Tumorzellen, die natürlichen Abwehrkräfte des Hundes sorgen dafür, dass Körperfremdes und Krankhaftes nicht die Oberhand gewinnen. Je mehr Negativeinflüsse jedoch zusammenkommen und je stärker

In der Anfälligkeit für Infektionskrankheiten gibt es rassebedingte und sogar familiäre Unterschiede.

deren Zerstörungskraft ist, umso schwieriger wird es selbst für ein starkes Immunsystem, ihrer Herr zu werden. Das wiederum bedeutet Stress für den Organismus.

Dieser Stress ist vermeidbar – durch regelmäßige Impfungen und Parasitenprophylaxe zum Beispiel. Was aber haben Impfen und Parasitenabwehr mit Tumorbekämpfung zu tun? Das Abwehrsystem eines Hundes, der gegen die gefährlichsten Infektionserreger geimpft und vor Parasitenbefall ausreichend geschützt ist, braucht sich mit den entsprechenden Keimen kaum mehr zu beschäftigen. Stattdessen hat es „Kapazitäten frei", etwa zum Entdecken und Zerstören von Tumorzellen oder zur Reparatur von schadhaftem Körpergewebe: ein doppelter Schutzschild sozusagen. Doch leider gibt es auch hier wiederum Einschränkungen.

Ebenso wie eine grobe Vernachlässigung der Infektprophylaxe Nachteile bringt, kann auch ein Zuviel an „Schutz" schädlich sein. Zurzeit wird darüber diskutiert, ob einzelne Hunde nicht vielleicht sogar zu häufig, also in zu kurzen Intervallen, geimpft werden oder mit Entwurmungsmitteln beziehungsweise Hautparasitenabwehrstoffen überfrachtet sind. Grundlage dafür ist die zuvor schon angesprochene Erkenntnis, dass ein „überbehütetes" Immunsystem auch Kapriolen schlagen kann. Solche Argumente sollte man im Auge behalten; doch solange sie nicht in großem Umfang durch eindeutige wissenschaftliche Erkenntnisse belegt werden können, empfiehlt es sich, gemeinsam mit dem Tierarzt abzuwägen, welche Prophylaxestrategien für den jeweiligen Hund die geeignetsten sind.

*Bewegung steigert die Zahl der Abwehrzellen: Angemessene
körperliche und geistige Aktivität hält den Hund gesund und fit.*

Impfplan

Einen allgemein gültigen Impfplan für Hunde gibt es nicht. Zu welchem Zeitpunkt, wogegen und wie oft geimpft wird, hängt von den jeweiligen Gegebenheiten ab. Dort, wo bestimmte Krankheiten immer wieder oder gehäuft auftreten, wo der allgemeine Infektions- oder Parasitendruck besonders hoch ist oder wo zahlreiche Hunde auf engem Raum zusammenkommen, sollte früher beziehungsweise häufiger oder gegen möglichst viele Infektionserreger geimpft werden. Bestimmte Impfungen sind gesetzlich vorgeschrieben, andere, oft mindestens ebenso wichtige, dagegen nicht. Manche Impfungen sind nur dann nötig, wenn der betreffende Hund einem ungewöhnlich starken Erkrankungsrisiko ausgesetzt ist wie etwa bei einem Auslandsaufenthalt in südlichen Ländern. Dort kann er mit speziellen Parasiten konfrontiert werden, zum Beispiel den Babesien (die später noch beschrieben werden), denen sein Immunsystem ohne Impfung ziemlich machtlos gegenüberstünde. Manche Impfstoffe (Vakzine), so auch die Hundebabesiosevakzine, sind hierzulande (noch) nicht zugelassen, können aber in dringenden Fällen dennoch verabreicht werden. Die Thematik ist also äußerst vielfältig. So ist es nicht verwunderlich, dass keine generellen Impfempfehlungen existieren.

Tabelle 1: Bewährter Impfplan für Hunde

Krankheit (Abkürzung)	Grundimmunisierung		Auffrisch-Impfungen	
	Erstimpfung	Nachimpfung	Erste	Weitere
Staupe (S)	8. LW	12. LW	nach 12 Monaten	im Zweijahresrhythmus
Ansteckende Leberentzündung (H bzw. H.c.c.)	8. LW	12. LW	nach 12 Monaten	im Zweijahresrhythmus
Leptospirose (L)	8. LW	12. LW	nach 12 Monaten	jährlich
Parvovirose (P)	8. LW	12. LW	nach 12 Monaten	jährlich
Tollwut (T)	12. LW	–	nach 12 Monaten	jährlich
Parainfluenza (Pi bzw. Para)*	8. LW	12. LW	nach 6-12 Monaten	jährlich
Bordetella (B)*	mindestens 5 Tage vor Infektions-risiko	–	nach 6-10 Monaten, wenn erforderlich	
Borreliose	12. LW	16. LW	nach 6-12 Monaten	alle 6-12 Monate

LW = Lebenswoche
* Erreger des Zwingerhustens

Darüber, ob bestimmte Auffrisch-Impfungen jährlich oder nach zwei oder drei Jahren durchgeführt werden sollen, gibt es unterschiedliche Ansichten. Das gezielte und mehrmalige Impfen seines Tieres im Welpen- und Junghundalter sollte jedoch kein Halter infrage stellen. Denn vor allem diese Impfungen sind es, die das Abwehrsystem des Hundes „eichen" und auf optimale, lebenslang anhaltende Leistungsfähigkeit prägen!

Im Alter verliert das körpereigene Abwehrsystem an Leistungskraft. Beim Hundesenior dürfen Prophylaxemaßnahmen nicht vernachlässigt werden.

Hin und wieder ein rasantes Rennspiel zusammen mit Herrchen und ein paar Artgenossen – da fühlt sich der Hund wohl.

Die wichtigsten Infektionskrankheiten

Staupe

Die Hundestaupe ist eine hoch ansteckende Virusinfektion, die Lunge, Augen, Darm und Gehirn des Hundes betrifft und zumeist tödlich verläuft. Welpen, Jungtiere und Hunde mit geschwächtem Immunsystem sind besonders empfänglich dafür. Überlebt ein Hund diese Erkrankung, trägt er erhebliche Spätschäden davon, hat aber gleichzeitig einen lebenslangen natürlichen Schutz gegen die Staupeviren. Nach einer Impfung ist die hervorgerufene Immunität von viel kürzerer Dauer, weshalb regelmäßige Auffrischungsinjektionen nötig sind. Ein Zweijahresintervall war bislang üblich, wird aber wegen des mancherorts gestiegenen Infektionsdrucks gelegentlich auf zwölf Monate verkürzt. Die Krankheit hatte nämlich hierzulande ihren Schrecken weitgehend verloren, bis vor kurzem wieder regional gehäuft Staupefälle auftraten – vorwiegend bei nicht oder nur unzureichend geimpften Hunden, die aus Osteuropa eingeführt worden waren, aber auch bei einigen vor Ort beheimateten geimpften Tieren. Welche Faktoren bei der Infektion der einheimischen Hunde mitgewirkt haben, lässt sich nur vermuten: schlechte Haltungsbedingungen etwa; eine nicht ordnungsgemäß durchgeführte Grundimmunisierung; zu seltene Auffrisch-Impfungen oder ein generelles Impfversagen (Impfdurchbruch); vielleicht hat auch ungewöhnlich starker Stress zum Zeitpunkt der Auseinandersetzung mit den Staupeviren bei den betroffenen Hunden eine Rolle gespielt oder der plötzlich aufgetretene extrem hohe Infektionsdruck mit womöglich sogar neuartigen Staupevirusstämmen.

Ansteckende Leberentzündung

Die Ansteckende Leberentzündung (Hepatitis contagiosa canis, kurz: H.c.c.) ist eine Viruserkrankung mit dramatischen Fieberschüben, Blutgerinnungsstörungen, heftigen Durchfällen und oft tödlichem Ausgang. Junghunde stecken sich besonders leicht mit dem für die Infektion verantwortlichen caninen Adenovirus-1 (CAV-1) an und erkranken. In Mitteleuropa ist diese Form der Hepatitis selten geworden. Die regelmäßige Impfung alle zwei Jahre bietet ausreichenden Schutz.

Leptospirose

Nicht Viren, sondern Bakterien, die so genannten Leptospiren, sind Verursacher der Leptospirose oder Stuttgarter Hundeseuche, mit der sich nicht nur Hunde, sondern auch Menschen anstecken können. Leber, Darm und Harnorgane sind besonders betroffen. Sowohl leichte als auch tödlich endende Verlaufsformen können auftreten. Unter den Leptospiren gibt es zahl-

Wenn Sie Ihren Hund regelmäßig impfen und entwurmen, schützen Sie damit nicht nur seine Gesundheit, sondern auch Ihre eigene und die Ihrer Familie.

reiche unterschiedliche Stämme, die Impfung schützt aber nur gegen die gefährlichsten von ihnen. Daher können selbst regelmäßig geimpfte Hunde erkranken oder die Bakterien weiterverbreiten und somit andere Hunde und Menschen infizieren. Glücklicherweise geschieht das nur sehr selten.

Parvovirose

Die Parvovirose oder „Hundeseuche" wird durch das hoch ansteckende canine Parvovirus-2 (CPV-2) ausgelöst und verläuft vor allem bei jungen Tieren oft tödlich. Darm-, Herzmuskel- und Blutbildungszellen werden von den

Serokonversion ist die Bezeichnung dafür, dass der Organismus auf eine Impfung hin damit begonnen hat, eigenständig Antikörper gegen das beimpfte Antigen zu bilden – hohe Konzentrationen an mütterlichen Antikörpern im Blut des Welpen zum Zeitpunkt der Impfung können dieser Reaktion entgegenwirken.

Viren bevorzugt angegriffen und irreversibel geschädigt. Extreme Durchfälle mit süßlich muffigem Geruch sind typisch für diese Erkrankung. Da Parvoviren sehr schwer zu vernichten sind, aber leicht zum Beispiel über Kleidungsstücke verbreitet werden können, ist die „Hundeseuche" nach wie vor ein Problem auch für geimpfte Tiere. Für belastete Zwinger werden deshalb spezielle Impfprogramme empfohlen, bei denen die Welpen sehr frühzeitig, bereits im Alter von sechs Wochen, erstimmunisiert und dann in kurzen Abständen dreimal nachgeimpft werden. Tabelle 2 zeigt das auf umfangreichen Studien beruhende und erst kürzlich veröffentlichte Impfschema der tierärztlichen Fakultät der Universität München. Die Empfehlungen des Instituts gehen nicht nur dahin, die Welpen rund zwei Wochen früher gegen Parvovirose zu impfen als üblich, sondern sowohl diese Impfung als auch diejenigen gegen die anderen wichtigen Infektionskrankheiten bei jungen Hunden häufiger als sonst zu wiederholen.

Der Vorteil ist, dass Tiere, bei denen bislang nach einer Impfung überhaupt keine oder nur eine schwache Antikörperbildung im Blut nachweisbar war, nach dem veränderten Impfschema einen sichereren Impfstatus und damit einen besseren Schutz gegen die beimpften Infektionskrankheiten haben. Ob sich dieser neue Impfplan allgemein durchsetzen wird, bleibt abzuwarten, denn die häufigeren Impfungen sind mit höheren Kosten verbunden. Trotzdem gilt es zu bedenken, dass gerade eine perfekte Grundimmunisierung das Startkapital für die Gesunderhaltung des Welpen darstellt.

Tabelle 2: „Der neue Impfplan"

Krankheit (Abkürzung)	Grundimmunisierung			
	Erstimpfung	1. Nachimpfung	2. Nachimpfung	3. Nachimpfung
Parvovirose (P)	6./7. LW	8./9. LW	12./13. LW	15./16. LW
Staupe (S)	8./9. LW	12./13. LW	15./16. LW	
Ansteckende Leberentzündung (H)	8./9. LW	12./13. LW	15./16. LW	
Leptospirose (L)	8./9. LW	12./13. LW	15./16. LW	
Tollwut (T)	12./13. LW	15./16. LW		

LW = Lebenswoche
Quelle: Friedrich, K./Truyen, U. (2000): Untersuchung der Wirksamkeit von Parvovirus-Impfstoffen und der Effektivität zweier Impfschemata. Praktischer Tierarzt 81 (12), 988-994.

Tollwut

Nach Ausbruch der Tollwut ist keinerlei Behandlung mehr möglich. Deshalb sind bei dieser stets tödlich verlaufenden Viruserkrankung Impfungen gesetzlich vorgeschrieben: in Deutschland jährlich, in der Schweiz alle zwei Jahre. Dem sollte man selbstverständlich Folge leisten. Erstens ist neben dem Hund auch der Mensch gefährdet, denn die Viren, die mit dem Speichel ausgeschieden werden, sind über Wunden leicht übertragbar, und zweitens darf ein nicht vorschriftsmäßig geimpfter Hund, bei dem man eine Tollwutinfektion auch nur vermutet, sofort getötet werden. Ist der Vierbeiner gegen Tollwut geimpft, kann er weder an Tollwut erkranken (infolge eines Bisses beispielsweise) noch kann er nach Kontakt zu einem mit Tollwut infizierten Tier das Virus übertragen. Für Auslandsreisen ist zu beachten, dass Hunde die Landesgrenzen oft nur passieren dürfen, wenn sie einen gültigen Tollwutschutz besitzen. Auch auf Hundeausstellungen oder Ausbildungs- und Arbeitsveranstaltungen mit dem Hund ist die Tollwutimpfung Pflicht.

Zwingerhusten

An der Auslösung des Virus- oder Zwingerhustens sind sowohl Viren als auch Bakterien beteiligt. Anfänglich ist diese sehr langwierige Krankheit durch anfallsartigen, trockenen Husten, wässrigen Nasenausfluss und einen verschleimten Rachen gekennzeichnet – durch Symptome also, für die insbesondere canine

Adenoviren sind recht artspezifisch: Für die caninen Adenoviren, die den Zwingerhusten und die Ansteckende Leberentzündung verursachen, sind Menschen nicht empfänglich.

Parainfluenzaviren sowie bestimmte Adenoviren verantwortlich sind. Bei kompliziertem Verlauf kommen später noch Bakterien (zum Beispiel *Bordetella bronchiseptica*) hinzu, die zu starken Beeinträchtigungen des Allgemeinbefindens und zu Lungenentzündungen führen können. Gestresste Tiere und solche, die engen Kontakt zu vielen anderen Hunden pflegen, sind besonders gefährdet. Eine rechtzeitig durchgeführte Impfung kann hier einen gewissen Schutz bieten: Gegen die beteiligten Viren (Parainfluenza) wird mit einer Injektionslösung, die in die Blutbahn gespritzt wird, geimpft, gegen die Bakterien (Bordetella) mit einem Spray oder einer Flüssigkeit über die Nasenschleimhäute. Viele Hundepensionen verlangen eine Zwingerhustenprophylaxe rund zwei Wochen vor Aufnahme ihrer vierbeinigen Gäste.

Kommen viele Hunde und Menschen auf engem Raum zusammen, haben nur diejenigen eine Chance, ohne Ansteckung davonzukommen, deren Immunsystem entsprechend vorbereitet ist.

Die dehnbare Dursti-
ge – mit den Beinen
riechen, mit der Kör-
perhülle sehen und
Wärme fühlen:
Zecken haben
ungewöhnliche, aber
äußerst leistungs-
fähige Sinnesorgane.

Ein vollgesogenes
Holzbockweibchen

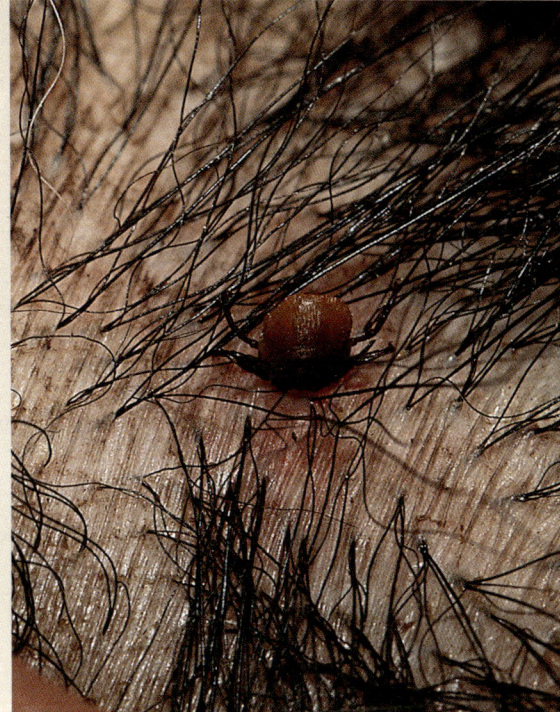

Borreliose

Die Borreliose oder Lyme'sche Krankheit ist eine
heimtückische Erkrankung, bei der zunächst vor
allem Gelenke und Muskeln des Hundes betroffen
sind, später aber auch Herz, Nieren und Ner-
vensystem geschädigt werden können. Die ent-
sprechende Impfung bietet leider nur einen ein-
geschränkten Schutz. Denn Borreliosebakterien,
so genannte Spirochaeten, gibt es viele. Der
Impfstoff immunisiert Hunde aber nur gegen ein-
en einzigen, und zwar *Borrelia burgdorferi*, der in
Deutschland rund 25 Prozent der Borrelienpopu-
lation ausmacht. Geimpft wird im Winter, und
nicht vor der zwölften Lebenswoche. Alternativ
zur Impfung bietet sich die Zeckenprophylaxe an,
denn die Verursacher der Borreliose werden ausschließlich von diesen ungeliebten Hautparasiten
übertragen.

Hat eine Zecke zugestochen, kommt es auch beim
Hund zu einer lokalen Rötung der Haut. Die beim
Menschen bekannte „Wanderröte" als mögliches
Indiz einer erfolgten Borrelienübertragung gibt es
bei ihm aber nicht.

Mit der Zeckenzange wird der Parasit möglichst
dicht an der Haut des Hundes gefasst und behutsam
herausgehebelt.

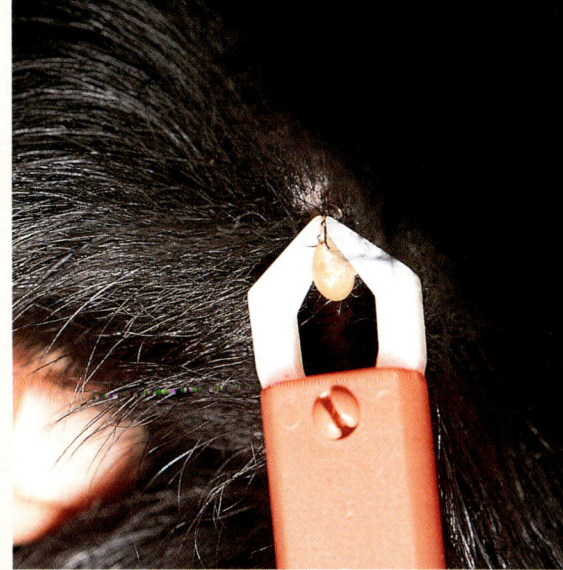

Die Potenz eines Impfstoffes ist stets deutlich geringer als die des entsprechenden in der Natur vorkommenden Erregers. Nach einer überstandenen Erkrankung kann sich deshalb lebenslange Immunität gegen den verursachenden Infektionserreger entwickeln.

Grundimmunisierung

Einerlei, gegen welche Erreger Sie Ihren Hund impfen lassen und in welchem Alter des Tieres dies geschieht, eine Schutzimpfung beginnt grundsätzlich mit der so genannten Grundimmunisierung. Diese setzt sich aus einer Erstimpfung sowie einer beziehungsweise mehreren Nachimpfungen zusammen. Erst viel später erfolgen dann regelmäßig Auffrisch-Impfungen, auch Wiederholungsimpfungen genannt. Ziel der Erstimpfung ist die behutsame Konfrontation des Immunsystems mit einem bestimmten Erreger, dem Antigen. Stets handelt es sich dabei um stark abgeschwächte oder völlig abgetötete Krankheitserreger, deren Virulenz

(Ansteckungsfähigkeit) so deutlich reduziert ist, dass sie keine krank machende Wirkung mehr entfalten können. Es kommt nach einer Impfung also zu keinem Krankheitsausbruch, wohl aber zu einer deutlichen Reaktion der körpereigenen Abwehrzellen des Hundes. Denn sie produzieren nun spezifisch gegen diesen besonderen Eindringling gerichtete Eiweißmoleküle, die Antikörper, und machen ihn damit unschädlich.

Nach einer Erstimpfung ist die Anzahl dieser Antikörper, die zu den Immunglobulinen zählen, meist noch nicht groß genug, um auch bei einer massiven Auseinandersetzung mit voll intakten Vertretern dieser Erregerspezies, also bei Ansteckung, optimalen Gesundheitsschutz zu gewährleisten. Deshalb folgt dieser Erstimmu-

Nicht nur beim Impfen, auch durch den direkten Kontakt mit dem „Felderreger" kann der Hund seine Antikörper auffrischen.

nisierung in der Regel nach ein paar Wochen eine erneute Zufuhr desselben Antigens. Nun ist der Eindringling für das Immunsystem kein Unbekannter mehr – es ist gewappnet, sowohl mit den bereits gebildeten und spezifisch gegen diesen Widersacher gerichteten Antikörpern als auch mit den so genannten Gedächtniszellen, die nach der Erstimpfung ebenfalls entstanden sind. Deren einzige Aufgabe ist es, sich an dieses Antigen zu erinnern und bei Erkennen die entsprechenden Abwehrzellen des Hundes zusammenzurufen und zur Vermehrung anzutreiben. So erfolgt die Produktion der entsprechenden Antikörper erheblich schneller und effektiver – der Schutz ist perfekt.

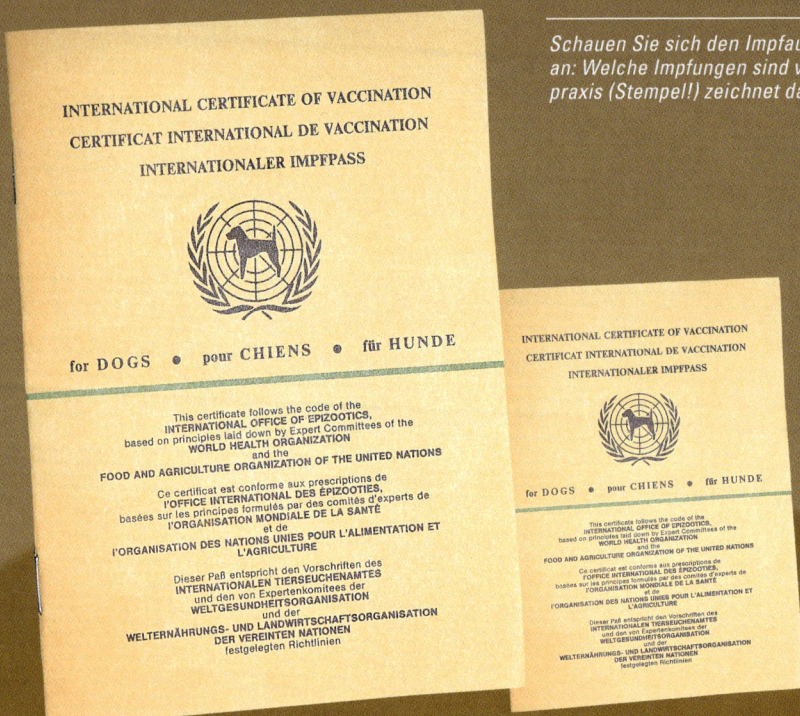

Schauen Sie sich den Impfausweis Ihres Hundes genau an: Welche Impfungen sind vermerkt, welche Tierarzt-praxis (Stempel!) zeichnet dafür verantwortlich?

Auffrisch-Impfungen

Nach abgeschlossener Grundimmunisierung patrouillieren Antikörper, Gedächtniszellen und viele andere zu dieser spezifischen Immunabwehr gehörenden Zellen im Körper des Hundes und warten auf Arbeit. Treffen sie auf die jeweils „passenden" Infektionserreger, zum Beispiel Hepatitisviren, vermehren sie sich erneut und bekämpfen die Eindringlinge erfolgreich. Doch im Laufe der Zeit und wenn sie keinen (neuerlichen) Erregerkontakt und damit Vermehrungsimpuls hatten, reduziert sich die Zahl der Antikörper mehr und mehr. Damit wird auch der Abwehrstatus des Hundes zunehmend schlechter. Wann und in welchem Umfang dies geschieht, ist von verschiedenen Faktoren abhängig: Neben dem „Feindkontakt" sind es vor allem die allgemeine Leistungsfähigkeit seines Immunsystems und die Potenz des jeweiligen Impfstoffes. Bevor die Antikörpermenge (Titer) unter einen kritischen Wert abgefallen ist, muss also, damit der Schutz aufrecht erhalten bleibt, eine Auffrisch-Impfung erfolgen. Da der geeignete Zeitpunkt natürlich nicht ohne weiteres festzustellen ist und Bluttests, mit denen man den Antikörpertiter leicht bestimmen kann, ziemlich teuer sind und selten durchgeführt werden, wird einfach nach festgelegten Zeitabständen nachgeimpft (vergleiche Tabelle 1).

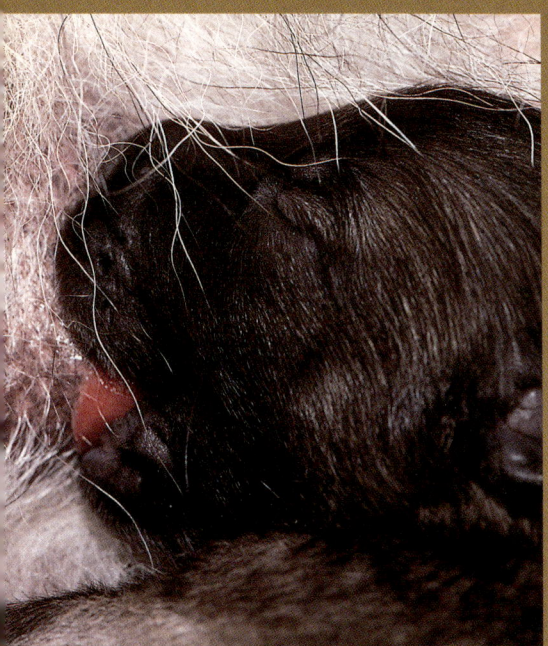

Auf jeden Tropfen kommt es an: Je mehr Kolostral-milch der Welpe zu sich nehmen kann, umso besser für seine Infektabwehr.

Aktive und passive Immunisierung

Da der Organismus infolge der Impfung selber aktiv wird, indem er eigenständig die zur Abwehr benötigten Antikörper produziert, wird eine solche Impfung „aktive Immunisierung" genannt. Sie steht im Gegensatz zur „passiven Immunisierung", bei der bereits vorhandene (von anderen Tieren gebildete) Antikörper übertragen werden. Der Vorteil einer passiven Immunisierung ist ihr schneller Wirkungseintritt, da die Antikörper nicht erst mühsam hergestellt oder aktiviert werden müssen. Allerdings schützt solch eine Immunisierung nur für

kurze Zeit. Denn die Antikörper werden bald wieder abgebaut und Gedächtniszellen, die deren Produktion erneut ankurbeln könnten, existieren ja nicht, weil es keinen ursächlichen „Feindkontakt" gab. Trotzdem ist diese Form der Immunisierung von allergrößter Bedeutung, nämlich für die neugeborenen Hundewelpen. Ihr körpereigenes Abwehrsystem ist zu diesem frühen Zeitpunkt noch nicht leistungsfähig genug, um Krankheitserreger erfolgreich zu bekämpfen. Deshalb hat die Evolution für alle neugeborenen Säugetiere die passive Immunität „etabliert". Der wichtigste Überträger dafür sind natürlich nicht Injektionsspritzen, sondern die Muttermilch, genauer die Kolostralmilch. Mit dieser Milch saugen die kleinen Hundekinder in ihren ersten beiden Lebenstagen einen ganzen Cocktail an mütterlichen Antikörpern in sich ein, der sie vorübergehend vor Erkrankung bewahrt. Dieser übertragene Schutz betrifft aber lediglich diejenigen Erkrankungen, die ihre Hundemutter selber schon durchgemacht hat, und solche, gegen die sie geimpft ist.

Vom Darm gelangen die Antikörper ins Blut der Welpen. Das funktioniert nur in den ersten zwei Lebenstagen ausreichend gut, danach wird die Darmwand undurchlässig für diese Riesenmoleküle. Außerdem beginnen dann die Enzyme im Welpendarm ihre Funktion aufzunehmen, sodass sie die Antikörper nun restlos verdauen.

Wie gut die Welpen durch diese passive Immunisierung geschützt sind und wie lange dieser Schutz anhält, ist unter anderem davon abhängig, welche Menge an Antikörpern sie in ihren ersten Lebensstunden zu sich genommen haben. Ist die Hündin durchgeimpft (hat sie also eine ordnungsgemäße Grundimmunisierung

Paramunitätsinducer bieten einen gewissen Schutz vor dem infektiösen Welpensterben, das durch ein Herpesvirus hervorgerufen wird.

Die „immunologische Lücke"

Die mütterlichen Antikörper, die den Weg vom Darm in den Blutkreislauf der Hundekinder geschafft haben, bleiben dort nicht lange erhalten. Aufgrund von Abbauprozessen sinkt die Abwehrkraft der Welpen. Denn die Zellen ihres Immunsystem sind, trotz zunehmender Reife, zu diesem Zeitpunkt immer noch nicht fähig, genügend eigene Antikörper zu produzieren, die dieses Defizit kompensieren könnten. Es entsteht die so genannte immunologische Lücke. Genau diesen Moment gilt es zu finden, um die Welpen das erste Mal zu impfen. Vorher nämlich könnten die mütterlichen Antikörper einer welpeneigenen Antikörperbildung entgegenwirken: Die Impfung bliebe weitgehend erfolglos. Wartet man mit der Erstimpfung dagegen zu lange, sind die Welpen in der Zwischenzeit über die Maßen infektgefährdet.

sowie regelmäßige Auffrisch-Impfungen erhalten), ist sie darüber hinaus parasitenfrei und in bestem Gesundheits- und Ernährungszustand, dann hat sie Antikörper genug – auch für ihre Welpen. Ist sie jedoch geschwächt und in schlechter körperlicher Verfassung, können ihre Babys rasch Probleme bekommen. In solchen Fällen – aber auch, um den allgemeinen Infektionsschutz der Hundekinder zu erhöhen – werden den Welpen kurz nach ihrer Geburt gerne so genannte Paramunitätsinducer gespritzt. Diese Substanzen können die generelle Abwehrkraft ihres winzigen Organismus kurzzeitig steigern helfen und damit das Infektionsrisiko etwas senken.

Durch einen Bluttest kann man den Antikörpertiter der Welpen bestimmen. Üblicherweise wird aber einfach „auf Verdacht" geimpft, wobei der Zeitpunkt auf Erfahrungswerten beruht. Damit geht man kein großes Risiko ein, denn die nach kurzer Zeit erfolgende Nachimpfung ist ja dazu geeignet, zuvor möglicherweise nicht angesprochene Abwehrzellen schließlich doch noch vollends zu stimulieren und zu maximaler Antikörperproduktion anzuregen.

Der Trend geht heutzutage in Richtung frühzeitiges Erstimmunisieren der Welpen, besonders bei hohem Erregerdruck (etwa bei Parvovirose). Zwar bleibt wegen der eventuell noch in größerer Zahl vorhandenen mütterlichen Antikörper das Manko eines verminderten Impferfolgs, doch hat das Hundebaby dann immerhin schon einen begrenzten Schutz gegen den beimpften Erreger, womit eine etwaige Erkrankung milder verlaufen würde.

Nur gesunde und parasitenfreie Hunde dürfen geimpft werden!

Voraussetzung für die Impfung

Eine Impfung sollte grundsätzlich erst nach einer klinischen Untersuchung durch den Tierarzt erfolgen. Nur ein wirklich gesunder Hund kann nach Impfung einen ausreichend hohen Antikörpertiter und damit wirkungsvollen Impfschutz aufbauen. Leidet der Hund zum Zeitpunkt der Impfung zum Beispiel unter einem Infekt seiner Atemwege, einer Darmverstimmung oder unter Parasitenbefall, dann ist die Reaktionsfähigkeit seines Immunsystems auf die Impfantigene deutlich vermindert. Vor jeder Schutzimpfung sollten Sie Ihren Hund deshalb gründlich nach Hautparasiten absuchen und diese, falls Sie welche entdecken, sorgfältig bekämpfen (vergleiche Tabelle 3). Außerdem sollten Sie Ihren Vierbeiner rund zehn bis 14 Tage vor der Impfung entwurmen. Welches Entwurmungsmittel im Einzelfall geeignet ist, besprechen Sie zuvor mit Ihrem Tierarzt, denn die verschiedenen Präparate unterscheiden sich deutlich voneinander, etwa hinsichtlich ihres Wirkspektrums oder ihrer Darreichungsform (siehe Kapitel „Entwurmen").

Nach dem Impfen sollte man dem Hund einige Zeit Ruhe gönnen.

Verträglichkeit der Impfung

Die heute üblichen Kombinationsimpfstoffe sind sehr gut verträglich, dennoch verlangen sie jedem Hund, auch dem gesündesten, einiges ab. Sicher stellen Kombipräparate für seinen Körper eine größere Belastung dar als zeitlich versetzt erfolgende Injektionen von Impfstoffen, die nur jeweils einen einzigen Erregertyp beinhalten. Schon die geringfügigste Beeinträchtigung seines Gesundheitszustandes sollte deshalb Beachtung finden und zum Verschieben des Impftermins Anlass geben. Der alles entscheidende Vorteil der Mehrfachvakzine ist, dass zur Applikation sämtlicher Erreger eine einzige Injektion genügt. Somit wird unnötiger Stress für den Hund, den sicherlich jeder Tierarztbesuch mit sich bringt und der auch negative Auswirkungen auf die impfstoffinduzierte Stimulierung seines Immunsystems haben kann, vermieden.

Trotzdem regen sich manche Vierbeiner auf, was sich häufig durch Speicheln, Winseln oder rasenden Puls äußert. Und auch nach dem Impfen kann es gelegentlich zu Unpässlichkeiten kommen.

Hinweis:

Impf-Tipps

- Unmittelbar vor dem Impfen sollten Hunde nicht gefüttert werden. Erbrechen lässt sich so meist verhindern. Etwas Futter und Trinkwasser rund eine Stunde nach der Injektion stellten dagegen kein Problem dar.
- Vor dem Impfen sollte sich der Hund gelöst haben.
- Starke körperliche Belastungen und seelische Erregung sollten dem Impfen nicht vorausgehen und ihm auch nicht unmittelbar folgen.
- Gelegentlich reagieren Hunde, vor allem Jungtiere, nach dem Impfen mit Mattigkeit. Impfen bedeutet eine Konfrontation des Organismus mit körperfremden Eindringlingen. Das stecken gerade die Jüngsten oft nicht so einfach weg. Doch spätestens nach zwei Tagen haben sich die Tiere wieder erholt. Lange Wanderungen oder sportliche Höchstleistungen sollte man seinem Hund bis rund fünf Tage nach einer Impfung dennoch nicht zumuten.

- Nach dem Impfen sollten Hunde mindestens zwei Tage nicht gebadet werden oder schwimmen gehen. Es ist günstiger, die Injektionsstelle erst vollständig abheilen zu lassen.
- Nicht selten entstehen nach dem Impfen Rötungen oder geringfügige Schwellungen an der Einstichstelle, die nach ein paar Tagen wieder verschwinden. Gelegentlich entwickeln sich dort aber auch ausgedehntere, knotige Veränderungen, die länger für ihre Rückbildung brauchen. Eine Behandlung mit Salben oder Ähnlichem ist aber nicht erforderlich. Der Impfschutz entwickelt sich dabei völlig normal. Die Ursache dieser „Knubbel" ist unter die Haut gespritzte Impfflüssigkeit, die nicht gleich völlig resorbiert, sondern vom Bindegewebe eingekapselt wurde.

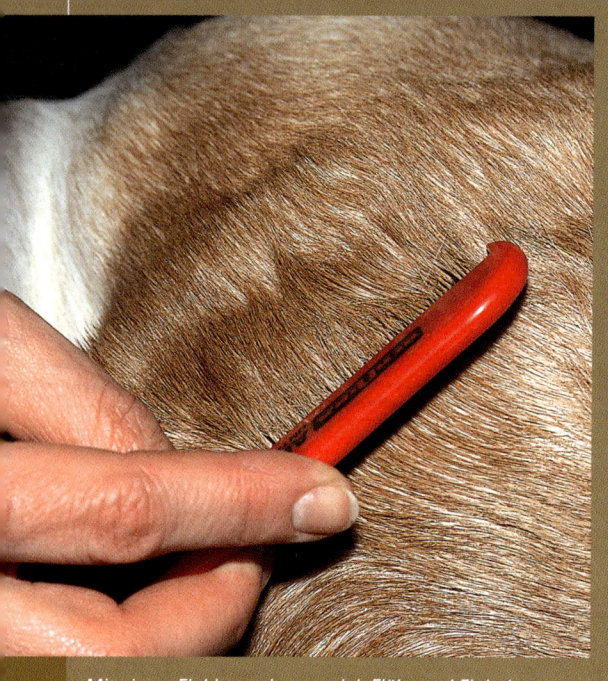

Mit einem Flohkamm lassen sich Flöhe und Floheier entfernen.

indem sie ihm Nährstoffe und Flüssigkeit entziehen oder selber Giftstoffe produzieren. Außerdem können sie das hündische Immunsystem erheblich schwächen. Zu eindeutigen Symptomen kommt es meist erst bei massivem Befall: auffälliger Leistungsverlust, stumpfes Fell, Abmagerung, Durchfall, Darmkoliken oder das so genannte Schlittenfahren, wobei der Vierbeiner auf seinem Hinterteil vorwärts rutscht. Mit diesem Verhalten versucht er den Juckreiz zu lindern, der durch die Ausscheidung von Würmern oder Wurmeiern aus seinem After entsteht. (Achtung: Schlittenfahren kann auch durch Entzündung der Analdrüsen verursacht sein!)

Welpen reagieren auf Wurmbefall viel schneller mit heftigen Krankheitserscheinungen: mit einem stark geblähten, druckempfindlichen Bauch (dem „Wurmbauch"), mit Durchfall oder Darmverschluss, mit Fressunlust, Abmagerung, Blutarmut und Lungenentzündungen. Gelegentlich erbrechen sie die Würmer sogar – als sich bewegende „Minispagetti" finden sich diese dann in der Wurfkiste. Regelmäßige Wurmkuren sind also vor allem bei den Kleinen absolut unentbehrlich.

Innere und äußere Parasiten

Man unterscheidet Endoparasiten, die im Körperinneren leben, von Ektoparasiten, die sich auf der Haut tummeln, wie Zecken oder Flöhe. Bei den Endoparasiten gibt es welche, die sich im Darm des Hundes aufhalten (Darmparasiten), und solche, die ihr Schmarotzerdasein in der Blutflüssigkeit (Blutparasiten) führen, zum Beispiel die schon erwähnten Babesien.

Während Blutparasiten manchmal recht schnell zu Krankheitssymptomen führen, können Darmparasiten oft sehr lange Zeit völlig unbemerkt im erwachsenen Hund überdauern. Trotzdem belasten sie seinen Stoffwechsel,

Bekämpfung von Ektoparasiten

Treten Hautparasiten in größerer Zahl auf, kann es neben Anämien, Juckreiz und den damit einhergehenden Sekundärinfektionen bei den betroffenen Tieren auch zu starken allergischen Reaktionen kommen. Ein Beispiel ist die häufige Flohspeicheldermatitis. Darüber hinaus können auch sie während ihres Schmarotzeraufenthalts gefährliche Krankheitserreger oder andere Parasiten auf den Hund übertragen. Daher muss man hier eine gründliche Prophylaxe betreiben.

Tabelle 3: Wichtige Ektoparasiten des Hundes

Ektoparasit	Erkennung	Gefahren	Behandlung	Vorbeugung
Flöhe - Katzenfloh: sehr häufig - Hundefloh: seltener	- Hund kratzt sich oft, knabbert im Fell - schwarzbraune Krümel im Fell/auf seiner Haut - selten: durchs Fell huschende Flöhe	- Flohspeichel- dermatitis - Blutarmut bei starkem Befall - Überträger von Gurkenkern- bandwurm	- Fell mit Floh- kamm durch- kämmen - Bad mit Insektizid- shampoo - Insektizid- behandlung siehe rechte Spalte. - Umgebungsbe- handlung	- Insektizidbe- handlung: Spot-on-Präpa- rate auf die Haut des Hundes träufeln oder Pumpsprays auf Fell und Haut verteilen; alle 4-6 Wochen wiederholen - Ungezieferhals- band - ätherische Öle auf Halstuch oder Ähnliches
Zecken - Holzbock: sehr häufig - Braune Hundezecke: seltener	- dunkle Spinnen- tierchen auf dem Fell krab- belnd oder in der Haut fest- gesogen	- Blutarmut bei starkem Befall - Überträger von gefährlichen Krankheitserre- gern wie: - Borrelien - Babesien - Ehrlichien - FSME-Viren (führen beim Hund sehr selten zu Symptomen)	- festgesogene Zecken möglichst rasch entfernen, denn je länger gesaugt wird, umso größer die Gefahr der Erregerübertra- gung	- Insektizidbe- handlung siehe oben - regelmäßiges, gründliches Durchkämmen des Fells nach jedem Spazier- gang und Absammeln der Zecken - Ungezieferhals- band - ätherische Öle auf Halstuch oder Ähnliches
Haarlinge (Beißläuse)	- kleine, dunkle Insekten im Fell - Eier (Nissen) als winzige weiße Schüpp- chen an den Haarschäften klebend	- Überträger von Bandwürmern - saugt kein Blut, ernährt sich von Hautschuppen des Hundes, verursacht dabei aber Hautirritationen	- mehrfaches Baden mit Insektizid- shampoo	- Ungezieferhals- band - ätherische Öle auf Halstuch oder Ähnliches

Zoonosen sind Krankheiten, die wechselseitig zwischen Tier und Mensch übertragen werden können. Tollwut und Echinokokkosen gehören dazu. Gerade jagdlich geführte Hunde und ihre Besitzer sind besonders betroffen.

• **Kleiner Fuchsbandwurm** (*Echinococcus multilocularis*): beim Hund selten, aber wiederum extrem gefährlich für den Menschen, da dessen Larven in Organe, vor allem in die Leber, eindringen, diese tumorös verändern und zerstören können. Auch diese so genannte alveoläre Echinokokkose verläuft tödlich, wenn sie nicht bereits im Anfangsstadium behandelt wird.

• **Gurkenkernbandwurm** (*Dipylideum caninum*): sehr häufig bei erwachsenen Hunden; durch den Floh als Zwischenträger kann sich auch der Mensch infizieren.

Darmparasiten des Hundes, die auch Menschen gefährlich werden können

Bandwürmer (Cestoden)

• **Kleiner Hundebandwurm** (*Echinococcus granulosus*): beim Hund selten, doch extrem gefährlich für den Menschen, da seine Larven in dessen Leber, Lunge und Gehirn einwandern, dort riesige Zysten bilden und lange unentdeckt bleiben können. Unbehandelt führt die „zystische Echinokokkose" zum Tod des Patienten.

Bandwürmer leben im Darm des Hundes. Sie sind stark abgeplattet und bestehen aus zahlreichen Gliedern, in denen ständig Eier produziert werden. Regelmäßig werden solche Glieder abgestoßen und mit dem Kot des befallenen Tieres (des so genannten Endwirts) ausgeschieden. Als reiskorn- beziehungsweise gurkenkernartige Gebilde sind sie am Fell des Hundes zu entdecken, vor allem in der Aftergegend. In diesen eingetrockneten Wurmgliedern versteckt, warten die mikroskopisch kleinen Eier auf ihre Weiterentwicklung. Hierfür benötigen sie einen Zwischenwirt wie ein Nagetier, ein Rind oder einen Floh. Denn in diesem erst können aus den Bandwurmeiern infektiöse Larven, die Finnen, schlüpfen. Frisst nun ein Hund einen solchen mit Finnen infizierten Zwischenwirt oder Teile davon (zum Beispiel rohe Schlachtabfälle oder eine Maus), kommt es zur Ansteckung. Im Darm des Hundes wächst die Finne zum geschlechtsreifen Bandwurm heran und der Kreislauf beginnt von neuem.

Der Mensch ist durch Bandwürmer nur ernsthaft gefährdet, wenn er, wie im Falle der Echinokokken, selber als Zwischenwirt (besser: Fehlwirt) fungiert. Doch mit Echinokokken wie dem Kleinen Fuchsbandwurm infizieren sich Menschen weniger über die Eier, die im Kot ihres Hundes ausgeschieden werden, als vielmehr durch den Verzehr roher, ungewaschener Wildfrüchte (Beeren, Pilze, Fallobst) oder den Kontakt mit infizierten Füchsen, die dieser Bandwurmart als Hauptwirt dienen. Das Gefährdungspotenzial durch den Kleinen Fuchsbandwurm liegt vor allem darin begründet, dass seine Eier extrem langlebig und widerstandsfähig sind. Sie vertragen Frost von -25 Grad Celsius über Monate und können bei genügender Feuchtigkeit im Freien zwei Jahre und mehr infektionstüchtig bleiben (ein Erhitzen fünf Minuten lang auf 60 bis 80 Grad Celsius tötet sie dagegen sicher ab). Gebrauchshunde wie Jagd- und Hütehunde sind besonders gefährdet, mit dem Fuchsbandwurm in Kontakt zu kommen. Für sie werden deshalb sehr kurze Entwurmungsintervalle von vier bis sechs Wochen mit Breitbandpräparaten empfohlen, die auch den Kleinen Fuchsbandwurm sicher abtöten.

Während Welpen vor allem mit Spul- und Hakenwürmern infiziert sind, nimmt im späteren Leben die Bedeutung der Bandwürmer zu. Danach richtet sich dann auch die Wahl der Entwurmungsmittel.

Rundwürmer (Nematoden)

• Spulwürmer (Askariden, unter anderem Toxocara canis): sehr häufig bei Welpen; auch für Menschen gefährlich; vor allem Kleinkinder sind betroffen, wenn sie beim innigen Schmusen mit ihrem Hund die an seinem Fell haftenden, mikroskopisch kleinen Wurmeier aufnehmen. Nach Infektion entwickeln sich Larven, die im menschlichen Körper umherwandern, sich in Organen verkapseln und Schmerzen auslösen, ja sogar in die Netzhaut eindringen und zum Erblinden führen können.

• Hakenwürmer (unter anderem Ancylostoma canis): häufig bei Welpen; die erwachsenen Würmer saugen Blut und verursachen rasch erhebliche Krankheitssymptome wie blutigen Durchfall, Austrocknung und Abmagerung; ihre Larven können sogar die Haut durchdringen, auch beim Menschen, wo sie dann Ekzeme verursachen.

Rundwurmbefall, insbesondere mit Spulwürmern, betrifft bereits die Allerkleinsten: Schon die ungeborenen Hundefeten können sich über die Plazenta mit den infektiösen Larven dieser Würmer anstecken, sogar dann, wenn ihre Mutter regelmäßig entwurmt wurde. Denn

*Tragende Hündin: Einmal von Spulwürmern befallen, kann sie die aus ihren Geweben reak-
tivierten Larven an mindestens drei aufeinander folgende Würfe weitergeben.*

Spulwurm-, aber auch Hakenwurmlarven bleiben nicht wie Bandwürmer im Darm des Hundes, sondern gehen auf Wanderschaft. Sie durchstreifen den ganzen Körper des Tieres, bis die meisten von ihnen schließlich wieder in dessen Darm zurückkehren, wo sie sich zum geschlechtsreifen Wurm entwickeln. Manche zieht es jedoch nicht zurück zum Darm. Sie verkapseln sich stattdessen in der Muskulatur des Hundes und bleiben dort jahrelang lebensfähig. Unter bestimmten Bedingungen, dazu gehören auch der Stress und die hormonellen Umstellungen während der Trächtigkeit, werden sie reaktiviert und gelangen zum Beispiel in den Darm, in die Gebärmutter und auch in die Milchdrüsen. Das bedeutet, dass sich die kleinen Hundekinder letztlich auch noch als Saugwelpen über die Milch ihrer Mutter mit Spul- oder Hakenwürmern infizieren können. Natürlich sind auch erwachsene Hunde nicht gegen Neubefall mit Rundwürmern gefeit, denn zur Ansteckung reichen die infektiösen Eier oder infektionsbereiten Larven der Parasiten aus. Ein Zwischenwirt ist nicht erforderlich. Deshalb genügt in diesem Fall das intensive Schnüffeln an einem „eiertragenden" Hundehaufen oder das Belecken des Fells eines mit Rundwürmern befallenen Artgenossen und schon ist es passiert.

Der beste Schutz vor Bandwürmern ist es, dem Hund das Buddeln nach Mäusen zu verbieten!

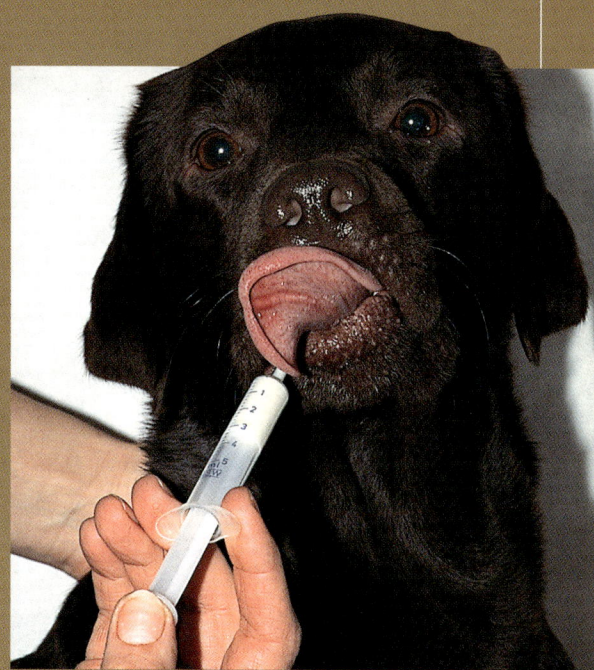

Beim Eingeben von Medikamenten, so auch von Entwurmungsmitteln, ist darauf zu achten, dass der Hund die ganze Dosis zu sich nimmt – ansonsten kann die Therapie versagen.

Rechtzeitiges Entwurmen ist für Welpen lebenswichtig: Die Blut- und Nährstoffverluste bei Rundwurmbefall können gerade sie besonders schlecht ausgleichen.

Entwurmen

Endoparasiten können also die Gesundheit von Tier und Mensch erheblich beeinträchtigen und in einigen Fällen sogar zum Tod des Infizierten führen. Vorbeugung ist deshalb besonders wichtig. Allerdings kann man gegen Würmer nicht impfen, auch die meisten Naturheilmittel sind unwirksam! Also gilt es den Hund möglichst effektiv vor Parasitenbefall zu schützen, zum Beispiel durch bestimmte Verhaltensmaßregeln wie etwa das strikte Verbot, nach Mäusen zu buddeln und die Beute aufzufressen, und natürlich durch regelmäßiges Entwurmen des Hundes mindestens viermal im Jahr.

Durch regelmäßige Entwurmungen werden nur die bereits im Darm des Hundes schmarot-

Empfohlener Entwurmungsplan

Welpen und Junghunde

- ab dem 14. Lebenstag alle 14 Tage bis zur achten beziehungsweise zehnten Lebenswoche gegen Rundwürmer
- im Alter von vier Monaten mit Breitbandwurmmittel, danach alle drei bis vier Monate mit Breitbandwurmmittel

Erwachsene Hunde

- alle drei bis vier Monate mit Breitbandwurmmittel
- zehn bis 14 Tage vor einer Impfung mit Breitbandwurmmittel und zusätzlich
- nach Fressen eines Nagetieres, eines Kadavers oder ungegarter Schlachtabfälle (die oft auch, als Luderstücke für Raubwild ausgelegt, in Feld und Flur zu finden sind) mit Breitbandwurmmittel oder einem speziell gegen den Kleinen Fuchsbandwurm gerichteten Wirkstoff (zum Beispiel Praziquantel)
- nach Flohbefall mit Breitbandwurmmittel oder einem Mittel gegen Bandwürmer
- nach Befall mit Haarlingen mit Breitbandwurmmittel oder einem Mittel gegen Bandwürmer

Zuchthündin

- rund eine Woche vor dem Decktermin mit Breitbandwurmmittel
- zehn Tage vor der Niederkunft, wenn eine vorangegangene Kotuntersuchung positiv war, mit einem Anthelminthikum, das spezifisch gegen die gefundene Wurmart wirkt
- 14 Tage nach dem Werfen (zusammen mit der ersten Entwurmung ihrer Welpen) gegen Rundwürmer oder mit Breitbandwurmmittel
- danach jeweils gemeinsam mit den Welpen und so lange, bis diese das Haus verlassen, gegen Rundwürmer oder mit Breitbandwurmmittel

zenden Würmer abgetötet. Anthelminthika können daher nicht prophylaktisch gegen Wurmbefall eingesetzt werden; dementsprechend häufig muss man sie anwenden. Mit den heute üblichen Präparaten ist das meist auch kein Problem, denn sie sind leicht zu verabreichen und vor allem gut verträglich.

Für Welpen gibt es Entwurmungsmittel als Flüssigkeit oder in Pastenform. Sie können bequem unter das Futter gerührt werden. Saugwelpen streicht man sie am geschicktesten an den Gaumen. Diese Präparate enthalten speziell gegen die „Wurmfauna" von Welpen gerichtete Wirkstoffe, also vor allem solche gegen Spul- und Hakenwürmer.

Erwachsene Hunde werden hauptsächlich von Bandwürmern heimgesucht. Deshalb verwendet man bei ihnen andere Entwurmungsmittel: spezifisch gegen einzelne Bandwürmer gerichtete oder so genannte Breitbandanthelminthika, die ein sehr breites Wirkspektrum besitzen und damit eine Vielzahl von Wurmarten bekämpfen. Solche „Wurmmittel" gibt es vor allem in Tablettenform.

Für die Gesamtpopulation aller Hunde gilt: Wurmmittel immer wieder wechseln, damit die Parasiten sich nicht an einen einzelnen Wirkstoff gewöhnen und erhöhte Widerstandsfähigkeit erlangen.

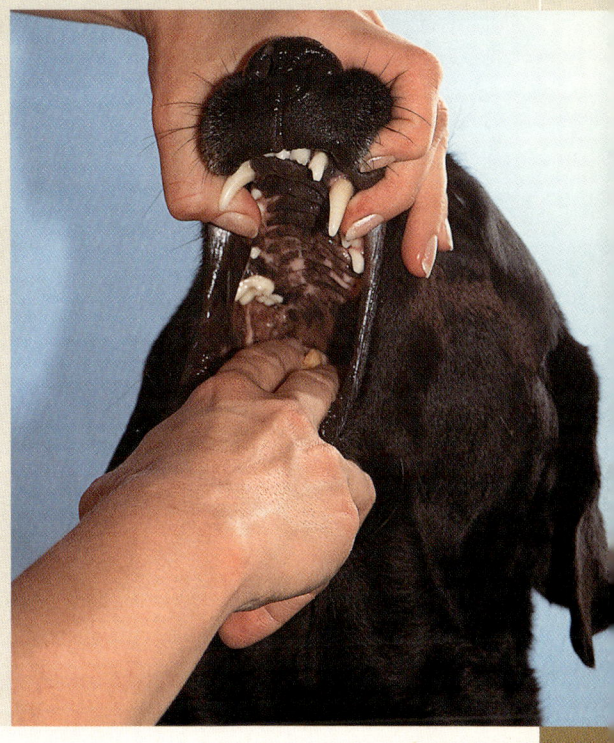

Eingeben einer Entwurmungstablette

Zur Verabreichung nimmt man eine Tablette zwischen zwei Finger einer Hand, legt sie möglichst weit hinten auf den Zungengrund des Tieres und hält dessen Fang so lange zu, bis reflektorisch abgeschluckt wird.

Magenempfindlichen Hunden kann der Tierarzt Entwurmungsmittel auch spritzen. Seit kurzem gibt es sogar ein Präparat, das auf die Haut des Hundes aufgetragen wird. Es bekämpft neben den bei uns üblicherweise vorkommenden Würmern auch Flöhe, Milben und Herzwürmer. Die Dosierung von Entwurmungsmitteln richtet sich immer nach dem Körpergewicht des Hundes.

Wer nicht auf Verdacht entwurmen will, kann durch regelmäßige Kotuntersuchungen feststellen lassen, ob ein Wurmbefall vorliegt und ob entwurmt werden muss. Diese Analysen müssen allerdings mehrfach hintereinander vorgenommen werden – routinemäßig an drei aufeinander folgenden Tagen beziehungsweise bei Verdacht auf Rundwurmbefall mindestens zweimal im Abstand von 14 Tagen. Denn ein einzelner negativer Befund bedeutet nicht zwingend auch Wurmfreiheit. Auch geringer Wurmbefall lässt sich durch mikroskopische Kotuntersuchungen nicht immer zweifelsfrei feststellen.

Wurmkuren oder die Behandlung von Flohbefall wirken nur dann zuverlässig, wenn alle in einem Haushalt lebenden Tiere gleichzeitig behandelt werden.

Hinweis:

Impfungen, Wurmkuren und Wirkstoffe gegen äußere Parasiten können Hunde nicht immer 100-prozentig schützen – sie sind nur als Unterstützung des Immunsystems anzusehen. Denn stets entscheidet das körpereigene Abwehrpotenzial über Gesundheit oder Erkrankung. Und dieses Potenzial ist umso größer, je besser die allgemeinen Haltungsbedingungen des Tieres sind.

Da Ungezieferhalsbänder vom Hund ständig getragen werden müssen, können auch Menschen mit den austretenden chemischen Wirkstoffen in Berührung kommen und gesundheitliche Beeinträchtigungen davontragen. Häufiger Wasserkontakt vermindert die Effektivität dieser Halsbänder.

Exotische Parasiten und Infektionserreger

• **Giardien** (vor allem *Gardia lamblia*) sind einzellige Dünndarmparasiten, die vorwiegend über verschmutztes Trinkwasser aufgenommen werden. In heißen Klimaten sind sie viel häufiger anzutreffen als in gemäßigten. Zum Krankheitsausbruch (blutigem Durchfall mit Erbrechen und allgemeinem Kräfteverfall) kommt es meist nur bei Hunden mit stark geschwächtem Immunsystem. Doch Hunde können Dauerausscheider sein und dann auch den Menschen mit der so genannten Lamblien-Ruhr infizieren. Abhilfe: Entwurmung unter anderem mit Mitteln gegen Rundwürmer, die auch Giardien sicher abtöten.

• **Kokzidien** sind einzellige Darmparasiten, die hauptsächlich über Erreger tragende Beutetiere (zum Beispiel Mäuse), aber auch durch rohes Fleisch in den Hund gelangen. Besonders bei Welpen verursachen sie schwere Krankheitserscheinungen mit blutig-wässrigem Durchfall, Fieber und Abgeschlagenheit. Ihre widerstandsfähigen, hochinfektiösen Sporen werden mit dem Kot ausgeschieden und weiter verbreitet. Therapie mit Antibiotika.

• **Babesien** (Piroplasmen) sind einzellige Blutparasiten, die durch Zecken, vor allem die Braune Hundezecke, übertragen werden. Sie sind wirtsspezifisch: Babesia canis parasitiert ausschließlich im Hund und zerstört dessen rote Blutkörperchen. Eine Impfung ist möglich. Babesien verursachen schwere, oft tödlich endende Krankheitsverläufe mit hohem Fieber, Blutungen, heftigen Durchfällen und Leber-, Milz- sowie Nierenfunktionsstörungen.

• **Leishmanien** (*Leishmania canis*) sind einzellige Blutparasiten, die durch Stechmücken (Schmetterlingsmücken der Gattung Phlebotomus, „sand flies") übertragen werden, auch auf den Menschen. Diese Mücken kommen meist nur in subtropischem Klima vor, doch auch in Norditalien und zum Beispiel der Südschweiz können sich Hunde infizieren. Die oft schubweise auftretenden Krankheitssymptome wie Fieber, Haut- und Bindehautentzündungen, Haarkleidveränderungen, Lymphknoten-, Leber- und Milzvergrößerung zeigen sich häufig erst

Besonders im Urlaub, wenn der Hund oft ins Wasser geht, bedarf es eines wasserfesten Floh- und Zeckenschutzes: Aufträufelpräparate dringen in die oberen Hautschichten ein und bleiben damit länger wirksam.

• **Ehrlichien** (*Ehrlichia canis*) sind winzige Einzeller (Rickettsien), die meist durch die Braune Hundezecke auf den Hund übertragen werden. Sie befallen seine weißen Blutkörperchen und lösen Fieberschübe, Krampfanfälle, Blutungen und Immunschwäche aus. In den Mittelmeerländern sind diese Infektionserreger sehr zahlreich.

Hinweis:

Tipps für einen gesunden, parasitenfreien Urlaub mit dem Hund

Vor der Fahrt ins südliche Ausland braucht der Hund einen ausreichenden Schutz gegen Zecken- und Flohbefall sowie eine Herzwurmprophylaxe. Zudem wird der Impfschutz kontrolliert.

Vor Ort wird niemals rohes Fleisch verfüttert – deshalb genügend Trockenfutter mitnehmen. Außerdem bekommt der Hund alle paar Stunden einen Stechmückenschutz in Form von Repellents; in den Abend- und Nachtstunden, wenn die Insekten besonders aktiv sind, lässt man ihn besser überhaupt nicht ins Freie.

Nach der Heimkehr oder schon kurz vor Antritt der Heimreise wird der Hund mit einem Breitbandwurmmittel entwurmt.

viele Monate nach der Infektion – oft mit tödlichem Ausgang. Eine Impfung und gezielte Vorbeugung ist nicht möglich. Über offene Wunden können die Erreger auf andere Hunde und Menschen, die ebenfalls Haut- oder Schleimhautverletzungen haben, übertragen werden.

• **Herzwürmer** (*Dirofilaria immitis*) sind Rundwürmer, die im Herz und der Lunge des Hundes leben und als so genannte Mikrofilarien über Stechmücken verbreitet werden. Im südlichen Ausland sind sie häufig. Hunde, die von dort importiert oder dorthin mitgenommen werden, können erkranken. Die klinischen Symptome der Herzwurmerkrankung, also Husten, Herz-Kreislauf-Probleme und Nierenfunktionsstörungen, treten oft erst Monate nach der Infektion auf. Eine medikamentöse Vorbeugung ist möglich (Aufträufelpräparat, Tabletten).